Dieter Hoffmann SUB ROSA

Das neueste Gedicht Band 60

Herausgegeben von

Karl Krolow

»Für Li Zeising
dichtet ich fleißig
diese Zeilen
in Eilen«.

Mit einem
herzlichen Gruß
von Dieter Hoffmann.
Dez. 76.

Dieter Hoffmann
SUB ROSA

Historische Portraits

J. G. BLÄSCHKE VERLAG DARMSTADT

Druck: Artia Offsetdruck GmbH Reutlingen
Printed in Germany
ISBN 3–87561–541–7

„Ich halte es für die größte Pflicht eines Menschen, der überhaupt schreibt, daß er Materialien zu seiner Biographie liefere. Hat er keine geistigen Entdeckungen gemacht und keine fremden Länder erobert, so hat er doch auf mannigfache Weise geirrt, und seine Irrtümer sind der Menschheit ebenso wichtig wie des größten Mannes Wahrheiten."

Friedrich Hebbel,
Tagebuch, 5. Januar 1836

PASTOR SCHMID

Schmid,
der Verfasser der Ostereier,
liebte Idyllen didaktisch.

Als Kind war er jeden Tag
um vier Uhr früh aufgestanden,
Latein zu lernen,
um in den geistlichen Stand
zu gelangen.

Die Sprache der Klassiker
und Unterdrücker,
die Sprache der Verständigung.

In seinem Ohrenstuhl
saß der alte Schmid.
Leder und Holz,
was wollten sie hören.

Die harte Kindheit?
Die Fröhlichkeitsfarbe?

Roßhaar im Kissen,
kein Schweif schlägt nach Fliegen
am Käs im Spind.

Der Rotwein des Landpastors
ist ein Klischee. Das mundet.

STROHSESSEL UND POSTKUTSCHE

Der Enzyklopädist Grimm,
der, wenn er schrieb,
tagelang nicht
aus dem Sessel aufstand,
wurde darum selbst
Strohsessel genannt.

Wenn er reiste,
reiste er ebenso
ununterbrochen,
wie er auch schrieb,
er stieg kaum aus der Kutsche,
also wurde er von den Freunden
auch Kutsche genannt.
So geht es immer in den Briefen
des frivolen Abbé Galiani
an die schönen Frauen
der Hauptstadt:
Der Strohsessel meint . . .
die Postkutsche sagt . . .

Enzyklopädische Identität.

EIN SCHLÖSSCHEN IM BERRY

Hier stand Liszts Flügel,
hier steht Auroras Harfe,
und der ovale Tisch,
den sie sich machen ließ im Dorf.

Im Garten wachsen Linden und zwei Zedern.
Töne bewegten das Fleisch und den Geist.

Im Schloß
versammelten sich Gäste, Hausgenossen,
Berühmtheiten des 19. Jahrhunderts.

Sie legte dann Patiencen, schneiderte
Kostüme für die Puppen ihrer Kinder.

Man spielte kurze Szenen,
wozu Chopin Musik improvisierte.

Nachdem der Geliebte
Nohant nach acht Jahren
verlassen hatte,
baute die Liebende
eine richtige kleine Bühne ins Haus.

Eine Zeitlang wurde
mehrmals in der Woche Theater gespielt.
Später ging man zu den Marionetten über,
weil es zu oft an Akteuren fehlte.

Im Boudoir ihrer Großmutter
ließ sie in einen Schrank einen Schrank einsetzen,
mit herausklappbarer Schreibplatte,
an dem sie ihre Romane schrieb.

Im Erdgeschoß umgaben sie ihre Bücher,
abgeschlagene Steine, aufgespießte Schmetterlinge.

SAMMLUNG EINES DICHTERS

Gustav Freytag,
der Autor von Soll und Haben,
heißt es,
er habe mit einem Brieffreund in Niederrad
über Schnecken korrespondiert.

Doch wohin die Sammlung gekommen sei
wisse man nicht.
Er war ein großer Sammler von Schneckenhäusern.
Er schrieb auch Die Ahnen, Die verlorene Handschrift,
Bilder aus der Vergangenheit.

Er arbeitete intensiv publizistisch.

Neben der Sammlung von Schneckenhäusern
legte er eine Sammlung von Flugschriften an,
alles was einst in Reimen und Prosa
der Erheiterung und Belehrung
und den Tagesinteressen des Volkes gedient hatte.

Zwei Schneckenarten sind nach ihm benannt.

BREHMS TIERLEBEN

Erzherzog Rudolf,
der sich das Leben nahm,
war aus Passion Ornithologe,
mit Brehm befreundet,
schrieb er ein Vogelkapitel
für das Buch des Gelehrten.

Er finanzierte dem Freund zwei Reisen,
mit dem Ziel, Adlerformen zu untersuchen,
in Ungarn und in Spanien.

Während der zweiten Reise starb
im Kindbett zuhause Brehms Frau.

Später ein Kind
als er Vorträge hielt in Amerika,
um die Kinderschar zu ernähren.

Der junge Erzherzog hatte sich
und seine Geliebte erschossen,
erschossen, wie man Vögel schießt.
Die Vögel, wußte Brehm, haben das wärmste Blut
und die leichtesten Knochen.

Flieg, Seele, flieg.

PETER UND KATHARINA

Ein schönes silberweißes Kind,
ein blasser Knabe,
spielte als Mann
noch mit Puppen.
Er kämmte, setzte und legte sie.

Andere ließen Leibeigene springen.

Mit Katharina
schlief er nicht
oder nur zaghaft.

Sie ließ ihn umbringen
von ihren Günstlingen.

Ihr Spaß und Vergnügen
war Korrespondenz
mit Gelehrten der Zeit.
Und eine unzähmbare Fleischeslust.
Sie war nicht schön.

Nicht Porzellan und Holz und Leder
künstlich kleiner Menschen
liebte sie. Es mußte groß sein.

Als Potemkin
die Potemkinschen Dörfer
aufbaute, um die Kaiserin zu täuschen,
Wohlstand zu zeigen,
wo gar keiner war,
da war das doch kein Spiel,
war Politik.

LORD UND LADY

Lord Nelson verlor erst ein Auge,
dann einen Arm.
Lady Hamilton liebte ihn leidenschaftlich.
Er ein Seeheld.
Sie eine berühmte Schönheit.
Er wurde Herzog.
Sie war die Tochter eines Schmieds.
Auch Hephästos war Schmied.

Lord Hamilton ertrug ihre fremde Liebe,
hielt Freundschaft mit Nelson,
ließ Pompeji ausgraben,
beobachtete und bestieg den Vesuv,
betrieb geradezu vulkanologische Studien.
Der Schoß seiner Frau blieb unbewegt für ihn.

Ein Arm war stark genug,
sie zu umarmen,
ein Auge groß genug,
sie zu bewundern.

ANSBACH

Hier liebte
der Markgraf
die Markgräfin nicht.

Sie korrespondierten
auf Glas.

Ein Herz ohne Liebe,
schrieb er ans Fenster,
mit einem schneidenden Diamant,
ist wie eine Armee ohne Tambour.

Wes Herz ohne Liebe war,
sagt das nicht –
seins oder ihrs.

Er baute der Gattin
ein anderes Schloß,
das er abtragen ließ
nach ihrem Tode.
Er sagte, macht damit,
was ihr wollt, zu den Bauern.

Kein Stein
ist mehr an den andern gefügt.
Nicht einmal ist der Grundriß
zu erkennen.

GRÄFIN COSEL

Constantia von Hoym
wurde naß vom König,
aber sie mußte trocknen
nach sieben Jahren, für immer.
Er verbannte sie
in den Turm von Stolpen.

Ein schwarzer Balsaltkegel.
Hier wurde früher
ein Brunnen gebohrt,
der Felsen mit brennendem Holz erhitzt
und mit Eiswasser abgeschreckt,
daß er platzte.

Geschiedene Hoym,
gegrafte Cosel,
Constantia,
war fünfzig Jahre gefangen.
Sie starb mit 85 Jahren,
trug mystische Talare,
las Hebräisch und Griechisch.
Umnachtet.
Mit dem Rücken zum Ofen gekehrt.

CHEVALIER DE SEINGALT

Er adelte sich selbst:
Chevalier de Seingalt, Casanova.
Der Papst verlieh ihm
den Orden zum Goldenen Sporn.

Die Hauptstädte wiesen ihn aus.
Er kannte die Frauen.
In Venedigs Bleikammern
hatte die Lust noch gekocht,
für neue Liebeshändel.
Der Herzensbrecher entwich.

O Seufzerbrücke. O Canal Grande.

Graf Waldstein
nahm ihn mit auf sein Schloß
Dux in Böhmen.
Aus dem Abenteurer
wurde ein Bibliothekar.
So viel gepreßtes Papier, so viel Leben,
so viele zierlich gedruckte Rosetten.

Der Phallus
war Penis geworden,
hing grau darnieder.

Unter den Mémoires.

Der Schauspielersohn
war ein glänzender Schriftsteller.

HERR DE BEAUMARCHAIS

Uhrwerke und Haartrachten
interessierten de Beaumarchais,
den Uhrmachersohn,
der die Hochzeit des Figaro
und den Barbier von Sevilla schrieb.
Er selber war Uhrmacher,
dann Harfenlehrer
der Töchter des Königs.

Segelschiffe
und Früchte im Haar,
Porzellanerde, Flohspringen.

Uhrwerke haben sinnliche Muskel,
Harfen beseelen.

Durch seine Redegewandtheit
und seine schöne Gestalt
kam Beaumarchais in allerhöchste Kreise,
wie ein Zeiger ins Zifferblatt,
vergoldet und emailliert.
Er erwarb ein Adelsdiplom
durch den Besitz seiner Frau.
Und spottete dem Adel.

Seine Stücke waren in Frankreich verboten,
aber die Königin spielte mit,
sehr schön,
im Theater am Hofe.
Es war fünf Minuten vor Zwölf.

LICHTENBERG

Im Göttingschen heißen die Veilchen
dulle Vijoileken.

Der Physiker Lichtenberg:

Er war sehr witzig, sehr fromm und sehr sinnlich.
Seine Frauen:
Ein Blumenmädchen, eine Erdbeerverkäuferin.

Er schrieb Briefe ungern, schob alles auf,
notierte in Sudelheften.

Er hatte immer Lust zur Liebe,
zwischen sarkastischen Aphorismen
und Elektrophoren.

Göttingen war englisch.

Ob er im Duft des Maulbeerbaums
in Hogarth's Garten in London saß?
Er hatte Karikaturen gern.

Ein Satyrglied, gleich unterm Buckel.

GOTTFRIED AUGUST BÜRGER

Welch ein Name: Bürger
in einer feudalistischen Zeit.
Wie gebrandmarkt, wie stolz!

Er scheiterte immer.
An der Arbeit, der Liebe.
Dorette und Molly
starben kurz nacheinander,
von seiner dritten Frau
ließ er sich scheiden.

Als Barde im Wolfsfell
war er gefürchtet,
im Göttinger Hain, von den Bauern.

Gutspächter schließlich,
der Schreibtisch
inmitten der Stimmen von Tieren
ekelte ihn.
Gedichte behielt er im Kopf.

Als er selber gestorben war,
schaute Lichtenberg zu
beim Begräbnis
durch das Fernrohr von weitem,
voll Trauer,
Distanz, Neugierde, Wissensdurst.

STANISLAS LESZCZYNSKI

Er war im Barock geboren
und ist im Rokoko gestorben,
aber im Alter nicht leichter geworden,
sondern viel schwerer.

Er war ein schöner und geistreicher Mann.
Prunk und Wohltätigkeit
machten ihn sehr beliebt.

Je älter er wurde
und umso unschöner,
desto mehr verlegte er
innere Schönheit
nach außen, er baute.

Schloßbauten um einen Vierecksplatz, Gärten,
goldene Gitterchen,
durchlässig noch für Gedanken an früher:
Place Stanislas.

Die Ziergitter heißen nichts anders als Grill.
Nichts brät darauf die Sonne
der Lorraine.
Neptun löscht mit dem Wasser stolzer Brunnen.

Der Bauch ist geschwungen
wie eine Kommode.

Hähne bewachen sein Monogramm,
beugen sich golden von den Balkonen
und halten im Schnabel
je eine goldne Laterne,
sie schreien nach Licht.

Der fast Neunzigjährige
starb an Brandwunden.
Feuer, als er nachts am Kamin saß,
hatte die Kleider am Leibe ergriffen.

BALZAC

Dieses Denkmal –
wie im Bademantel
und aufgeschwemmt.

Alles stimmt,
was erzählt wird:
die Schulden,
schloßartig tapezierte Zimmer,
unbezahlt eingerichtet,
die vielen Tassen
täglichen schwarzen Kaffees
und die Korrekturen,
Buchstaben, nicht mehr zu erkennen,
Bordüren, Wolkenzüge, Fäden,
Spießruten, Schlangen, Blasen.
Das Meer von Tinte,
darin Schiffbrüchige.

Für ihn ein Bad,
aus dem er sich erhebt.

E.T.A.H.

Er trank, um zu schreiben,
und er schrieb, um zu trinken,
weiß die biographisch fundierte
Literaturgeschichte.
Wenn er nachts heimkam,
aus seinem Weinhaus,
stand seine Frau
vom Schlafe auf,
setzte sich zu ihm
und strickte,
damit er
aufgeregt in Ruhe seine Werke
niederschreiben konnte.
Der Callot-Hoffmann.
Sein letztes Werk: „Der Feind“.
Er litt an Rückenmarksdarre,
Lähmung der Extremitäten.
In Bamberg, heißt es,
stehe er ausgestopft
am Fenster
seiner schmalen
graublauen Wohnung.
Laßt euch nichts
von Hoff-
mann
er-
zählen . . .

BRENTANO

Kleist konnte lachen.
Kleist, der sich erschoß.
Brentano lachte nie:

In jedem Mädchen
sah er schon das künftige Gerippe.

Seine Taktlosigkeit war berühmt.

Er schrieb Kunstmärchen,
etwa Gockel, Hinkel und Gackeleia.

Wenn andere literarisch schwärmten,
sprach er: Was bringt der Bogen?
Seine Kenntnis der Buchhändlerverhältnisse
ließ er spielen:
groß, klein, oktav,
wenn der Artikel geht . . .

Sein Liebesleben
war mehr als verworren.

Die Rhein-Insel!

Initialen aus Mädchenhaar
auf einer Brieftasche, ihm geschenkt.

Er schrieb: Geist, Blume, Stern und Kleid.

Er ließ Gedichte auf Manipel drucken,
fromm schwarz auf weiß.

Er sehnte sich
nach einem Bogen siebenfarbig,
dem Regenbogen,
dem Zeichen des göttlichen Friedens.

MOZARTS TOD

Der Sterbenskranke,
der am Requiem schrieb,
von dem er wußte,
daß es für ihn selbst war,
versuchte mit dem Mund
die Pauken nachzuahmen,
bum bum, bum bum.
Wie ein Kind.
Aber die Kräfte verließen ihn,
und weinend legte er die Partitur beiseite.

Mozart, der zu geschlagenen Kalbsfellen
und zu gespannten Lämmerdärmen
verletzt sich zurückzog,
den Innereien junger toter Tiere,
eins mit ihnen in einem Musikhimmel.

Frühreifes Gift,
„Man hat mir Gift gegeben.“

HAYDN KOMPONIERT

Haydn war unglücklich
verheiratet.
So zog er den Staatsrock an
und komponierte
mit dem Degen
an seiner Seite.

Er hätte vielleicht
viel lieber nackt komponiert.

Die Abschieds-Symphonie
kennt jeder.
Wer kennt die Echo-Symphonie?

TAG- UND NACHTSTÜCKE

Sein Vater war Bäcker gewesen,
sein Sohn wurde Offizier,
er selbst war Künstler.

Wer von den dreien
war mehr als die anderen beiden?

Maler und Offizier
waren ohne Bäcker nicht denkbar.

Georges de la Tour,
peintre du roi,
malte Tag- und Nachtstücke.
Ihn quälten Aszendenz und Deszendenz.

Am besten gelang ihm
der Gold- und Fäkalton der Nacht.

Rücksichtslos
ritt er über die Felder der Ärmeren.
Seine Jagdhundmeute
trat Ernten nieder.
Ob er nicht an Getreide erinnert sein wollte,
aus dem sein Vater das Brot buk?
Dann sah er doch die Erde,
draus es wuchs.

Georges de la Tour
war einer der größten Meister des Hell-Dunkel.

MORRIS

Morris hatte plötzlich
himmelbaue Hände. Das für Wochen.
Einmal blättergrüne.
Denn er färbte Wolle.
Aus dem Lamm gekämmt, um Teppiche zu weben.
Für die Wände.

Er war Theologe, er war Künstler,
Dichter, Journalist,
Verleger, Drucker,
Maler, Möbelschreiner,
Glaser, wenn die Fenster schön und bunt sind.
Und an manchem Tage
schrieb er siebenhundert Verse –
Earthly Paradise. Im Alter
färbten sich die Hände schwarz: er machte Bücher.

Pflanzen, Pflanzen, Seligkeit will wachsen.
Ritter sind von Rosen überfangen.

Artus Tafelrunde waren Socialisten.

Mystik ist pragmatisch.

WATTEAU

Watteau
hat auch Kutschentüren bemalt,
Türen aus Walnußholz,
eine zeigt ein Doppelmonogramm,
gestützt auf zwei Windhunde.
Die Tür hat vermutlich
zu einer Hochzeitskutsche gehört.

Watteau
war kleinwüchsig, blutspuckend.
Er malte Trauer weiß
wie seinen einsamen Samen.

Als Dachdecker
wäre der Dachdeckersohn
auch nicht glücklicher geworden.
Das Bild der Überfahrt nach Cythere
brachte ihn in die Académie.
Er starb, die Hälfte des Lebens
gerade hinter sich.

RAFFAEL

War Raffael
ein Maler oder ein Engel?

Die Natur war eifersüchtig auf ihn.

Er wurde von allen geliebt,
im heidnischen Pantheon beigesetzt,
allen Göttern zu Ehren.

Ein schöner Jüngling,
der an Überarbeitung starb.

Er malte auch Ratten
in den Grotesken.

Sein pornographisches Kabinett
bleibt verschlossen.

KLOPSTOCK

Der begeisterte Jüngling von einst
starb betagt
und hoch geehrt.

Ganz Hamburg war schwarz von Trauer.
Sechsundsiebzig dunkel verhängte
Pferdewagen folgten dem Sarg
des Messias-Dichters
Klopstock, der das letzte Jahrzehnt
seines Lebens
gelebt hatte, um seine Werke zu ordnen.

Die Ausgabe letzter Hand.
Was das heißt: Letzter Hand.
Weit weg von der Handschrift,
von Blei auf Papier gepreßt.
Besser als Schrotkugeln, Kaufmannsgewichte.

Er hatte den Eislauf geschrieben.
Welch eine Freude
noch in der Kälte.
Ein schneidender Tanz. Und das Gedicht
der Rosenbänder. Geblümtes Leben.
Starre Ehren
beenden alles, Nachruhm deckt das Grab.

PASTELL

Quentin de La Tour
hatte es schwer, seine Kunst durchzusetzen.
Dann feierte er Triumphe.
Und wurde schließlich vergessen.

Der Vater, ein Musiker,
wollte den Sohn nicht als Maler sehen.

Der Greis kehrte heim
in seinen Geburtsort.
Nach eleganten Jahren in Paris.
Demütig bis zur Geistesverwirrung.
Er küßte die Hände der Dienerschaft,
befreundete sich
mit dem Vieh auf der Weide,
umhalste einen Baum:
„Bald wirst du die Armen erwärmen dürfen."
Unter strömenden Tränen gesagt.

Die Trockenmalerei,
er gab sie auf,
drei Jahrzehnte vor seinem Tod,
um hinunterzusteigen
in die Tiefen der Metaphysik.

Diderot hatte ihn aber schon seiner Kunst wegen
magicien genannt, den Künstler
Zauberkünstler.

KLASSISCHES ALTERTUM

Zwischen „veni, vidi, vici"
und „Auch du, mein Brutus?"
lebte Cäsar.

Viele hatten sich
um ihn versammelt,
scheinbar,
um ihm ihre Ehrerbietung
zu bekunden.

Anfangs wehrte sich der Feldherr
noch mit einem Griffel,
den er grade in der Hand hielt.
Als er Dolche sah
von allen Seiten
gegen sich gerichtet,
hüllte er sein Haupt in seine Toga
und zog mit der andern Hand
den Faltenbausch hernieder,
seines Körpers
untre Teile deckend.

Als sie ihn erstochen hatten,
flohn sie. Und die Leiche
blieb allein
mit dreiundzwanzig Wunden.

KLEOPATRA

Kleopatra erbat sich eine Schlange,
doch hatte sie den Zeitpunkt
nicht genau bestimmt.
Sie wollte an dem Biß der Schlange sterben.

Aus einem Obstkorb
kam das Tier hervor,
Wein, Feigen, Pfirsich
hatten es verdeckt.

Nun sprach die junge schöne Königin,
die sterben wollte: „So bist du also da!“

STEINSAMMLUNG

Der alte Goethe
zeigte der blutjungen
Ulrike von Levetzow
im Kurhotel seine Steinsammlung,
die sie langweilte.

Ein Steinbruch eigener Hand
im Zimmer.

Sprach da versteintes Fleisch?

Ablagerungen.
Erkaltet Vulkanisches.

Einmal mischte er
Süßigkeiten
unter die Steine.
Die sollte sie finden.

Die Elegie von Marienbad
wurde die längste Stein-Beschriftung.

MAGENKREBS

Bonaparte hielt stets eine Hand auf den Leib.
Eine imperatorische Geste,
unnahbar.

Der Embonpoint
wie ein halber Globus.

Der Kaiser prüfte mit dem Druck der Hand
den Magenkrebs,
das wachsende Geschwür in sich und in der Welt.

PRINZ EUGEN IM BELVEDERE

Für Stefan Fuchs

Hier wohnte niemand.
Hingen nur die Bilder.
Der Prinz stand fünfzig Jahre lang
im Krieg.

Im Garten schrien
und brüllten wilde Tiere,
die er aus fernen Ländern
bringen ließ.

Gasthöfe an den Wegen bis zum Meer
sind seither
nach den ungewohnten Tieren
benannt:
Zum Elefant, Zum Lama und Zum Straußen.

Nur stumme Bilder drinnen,
draußen Tiere,
in keines Menschen Sprache
zu verstehn.

Der Schlachtenlenker,
der die Krone Polens,
den Herzogsmantel
Mantuas zurückwies,
geht durch die leeren Bildersäle hin
wie durch Geschichte,
und um die Käfige.

Stroh, Tierfell, Dung und Futter
auf dem Erdreich.

A. v. H.

Für Werner Rübe

Der Tod
nimmt Humboldt den Kosmos ab.
Der Forscher
greift sich ans Herz,
demütig erschreckt,
grüßt mit der andern Hand
zum Kopf.

Der Tod ist
violett gekleidet.
Die Farbe
zwischen Lust
und Schmerz.

Gibt er den Kosmos
gerne ab,
der Alte?

Ein Biedermeiermaler
hält diese Szene fest
in einem Steindruck.

Wer hat den Stein geschleppt?
Und wo ist er geblieben?
Wer nahm den Stein dem Künstler ab?

SUB ROSA